나의 아름다운 캐릭터

하기정 시집

상상인 기획시선 *3*

나의 아름다운 캐릭터

•본문 페이지에서 한 연이 첫 번째 행에서 시작될 때에는 〈 표기를 합니다.
•저자의 의도에 따라 작품의 보조 동사와 합성 명사는 띄어쓰기가 달라질 수 있습니다.

시인의 말

푹푹
빠지는 발을 건져내기에도 모자란

그러니 부디

당신이 와서
견고한 집 한 채
지어가세요

2023년 겨울
하기정

■ 차 례

1부 애플파이의 시간

자책	19
청려장	20
바순	22
돌의 내부	24
애플파이의 시간	26
닿다	28
퍼즐 맞추기	30
한 통의 수박	32
유리와 유리창	33
빈 문서	34
인생驛전	36
언감생詩	38
공터와 나비	40
쓰다 버린	41

2부 밤에는 멀리 있는 불빛을 보려 하지

새벽에 우리가 하는 것	45
이야기는 이야기	46
왕중왕	48
밤에는 멀리 있는 불빛을 보려 하지	49
여름의 장례	50
일기	52
밤의 피카레스크	53
숲세권	54
파경	56
재난영화	58
집의 탄생	59
Magic eye	60
나의 아름다운 캐릭터	62
그 벽장의 내력	64
안부	65

3부 빗방울의 노래

일인용	69
저울	70
일진	71
유리구두	72
계절의 명명법	73
파도의 자서전	74
빗방울의 노래	76
피에타	78
여자들	80
마트료시카	82
제망매가	84
네 시와 너의 시	86
所用	87
신이라는 입술의 복화술	88

4부 구름의 화법

끝말잇기	93
드라마틱한	94
열쇠	96
옛말들	97
저녁의 입술	98
겨울왕국	100
울어야겠다	101
볼록거울	102
W&M	104
흔들의자	106
밤 꿈 잠	108
고백성사	109
구름의 화법	110
시집	112

해설 _ 닿으려는 마음의 역설	115
바돈어(문하편론가)	

1부

애플파이의 시간

자책

책망은 나의 취미가 되었다
나는 나의 말 속에서 늙었다

지난여름의 녹청색 손잡이가 닳도록
가동했던 청춘의 발전기 앞에서
소용을 다한 겨울나무들

한때는, 이라는 시간의 표창장을 달고
쓸모없어진 발명품처럼 버려졌다
한물간 참외처럼 늙은 씨앗만 주저리주저리
박물관 지하 수장고에서 인공심장을 달고 있다
버리기에 아까운 유물처럼

나는 나의 생각 속에서 굴을 팠다
말의 무덤 속에서
적군에게 베인 귀의 무덤처럼
명백하게
선풍기 앞에 놓인 빙수처럼
녹지 않을 자신이 없다

청려장

지팡이가 가리키는 쪽으로
여름이 자라고 있다
명아주잎이 물컹하고 비릿하게

매미는 새보다 일찍 일어난다
가로등이 햇빛처럼 비추는 나무 아래서
좋아하는 것들 틈에서

여름이 자라고 있다
초록의 질투는 뿔처럼
여린 죽순에 받힌 송아지가 여름을 마주 보고 있다

내가 좋아하는 것을
네가 쥐고 있다
등 뒤에서 여름이
여름을 덮고 있다

손잡고 돌아가는 사람들
풀이 자란 쪽으로 길이 생길 것 같다
〈

손가락이 없는데 움켜쥐고 싶은 것이 있다
바닥을 짚고 일어설 때마다
푸른 지팡이가 자라났다

바순

그는 슬픔에 관한 한
긴 목을 지녔다
바람의 구멍을 열면
두 개의 목이
서로의 목구멍에 대고
울음을 불어넣었다

달빛을 가르는 여름 나무의
녹청색 그림자들
놋쇠 바닥에 달라붙은
저녁의 검은 그을음

울음통의 깊은 바닥을 딛고 일어서는
눈물과 같은 비소와
눈웃음을 그은 선과 같이

침묵이 그를 긴 관에 눕혔다
관통하는 게 울음인지 노래인지
한통속으로 통했다
〈

빛나는 관록과도 같이
청춘의 목울대에 빨대를 꽂고
숨을 불어넣자

길고 긴 울음을
연주했다

돌의 내부

돌을 파고 들어가자 돌이 나왔다

돌의 손
돌의 심장
돌의 거기

돌은
돌로
돌을

벼리고
깨뜨리고

돌의 내부에서 혁명을 일으켰다
돌과 부딪쳐 돌을 낳았다

돌의 낫과
돌의 칼과
돌의 보습을
〈

가죽도 창자도 없는
돌의 문을 열고 나가
돌의 세계로 돌아왔다

아랫돌을 빼내어 윗돌을 괴는
안간힘들에 대해

돌은 돌로 주먹을
뭉치고 있었다

애플파이의 시간

우리는 사과를 그리고 있었다

사과밖에 없는 탁자였으니까
사과 때문에
그늘을 만들기에 충분했으니까

보이는 대로 각도를 재고

푸르고 무른 살을 만지면서
사과의 양감에 대해 생각했다
사과의 둘레를 돌며
사과의 경계를 생각했다
사과의 반지름과 선을 그으며

모과인지 사과인지
과즙을 짜내고
각자의 레시피로 파이를 굽고 있었다

선을 넘고 있었다
〈

"사과의 원주율은 애플파이야"
우리는 시시껄렁한 농담을 하며

사과가 필요했다

사과로는 될 수 없는 것들을
멀리서 바라보며
과즙이 흐르는 진짜같이 그렸다
너의 사과는 신맛이 나고
나의 사과는 단맛이 났다
누구의 잘못도 아니었다

닿다

그늘과 그늘이 만나면 도로 그늘
그 늘그막 아래서 손을 들면
만세 대신에 부르는 항복이라는 항거

눈 딱 감고 도로 뜨면
한 밤 두 밤
별은 지다가 나뭇가지에 걸리고

최초의 시를 지으며
최초의 죄를 짓기도 하지

흰 손이 될 때까지 씻고 또 씻어도
남아있는 얼룩의 찌꺼기를

말뚝 주위를 빙빙 도는 염소와
생활이 죽음에게 단 한 번
화해의 손을 내밀려 할 때

변기에 꿍, 하고 떨어지는 시의 한 문장이
하수구를 타고 궁극의 바다에 흘러 닿을 때

〈
우발적인 범행을 묵인해주는 꽃과 나비처럼
한 장 두 장
점자로 쓴 글자를 손끝으로 더듬으며

퍼즐 맞추기

감정은 시가 되지 않는다
정감 어린 물병자리에 흰 별사탕을 쏟아부었다
뜬눈으로 일어나 이를 닦고
새벽에 먹는 밥이 아침밥이 아니듯

죽은 시계는 있어도 죽은 시간은 없다
등을 힘껏 껴안은 팔이
사실은 내 양팔이었다는 것
이성을 잃고 쓰러진 자리를
무덤이라고 쓴다

죽은 당나귀 귀가 탑처럼 쌓인 거리를
눈 부릅뜨고 걷는다 해도
고백은 자백이 되지 않았다
방백은 독백 처리된다
내가 나에게 보내는 택배 상자처럼
연민은 시가 되지 않는다

주머니를 뒤집으면 비밀처럼 깊숙한
어제 산 물건의 목록이 세탁기 속에서 반죽된다

영수증은 증거가 되지 않는다

내가 凸을 보낼 때
반사적으로 凹를 날린다

변죽만 울리다 모서리가 짓이겨진 것들은
퍼즐이 되지 않는다

한 통의 수박

당신은 수박을 번쩍 들어 올렸지
세로줄이 만나는 북극과 남극의
정오의 거기와 자정의 여기
여름의 온도와
슬픔의 모서리가 균형을 잡고 일어설 때까지
적도의 한가운데에서 대척점을 지나온 별들이
발밑에서 스텝을 맞추며 춤을 출 때까지
스웨터를 다 짠다고 했지
겨울 같은 슬픔 따위는 다 녹아도 좋다고 했지

당신은 한 통의 수박을 쩍 잘랐지
낮과 밤의 얼굴로
슬픔이 끈적하게 말라붙을 때까지
지구를 들어 올리는 힘이 지구력이야,

농담하며 오래 버티기를 하지
풍선 인형처럼 두 팔을 흔들며
까만 씨앗들은
어디로 가서 수박이 되려는지

유리와 유리창

관망의 세계에서 너머를 내다보는 일은
이 계절을 마치겠습니다, 흘러나오는
안내방송처럼
떨어져 깨진 과일의 얼굴을 하고 있습니다

사과를 놓고 사과를 그리면서
미안합니다만, 사과가 필요합니다
사과로 될 일은 아닙니다만,

유리창 너머의 일은
이미 깨진 풍경이어서
유리의 투명한 양심처럼

멀리 떨어진 일이어서
발밑에 깨진 뾰족한 야광별을
닿지도 않은 손을 잡아보겠다고 내미는
순진무구한 어처구니를 돌려보겠다면
돌려드리겠습니다

투명한 손잡이를 잡고
피가 나올 때까지 주먹을 쥐고

빈 문서

빈 문서의 커서는 깜빡이는 별처럼 아름다워
누울 자리를 봐 둔 사람처럼 기쁨이 넘치는군
죽을 자리를 정해 놓은 것처럼 안심이 되는군

유비무환이 가훈이었던 적 있었지
북어처럼 속을 다 내줄 준비를 하면서
근심이 있다면 속절없이 바다를 그리워하는 것
맥락 없이 쏟아지는 빗물을 받아 마셔야 하는 것

활자 속으로 들어간 사람들은
무기를 다 내려놓지 죽은 시계처럼

빈 문서는 미래의 첫눈처럼
뭉치면 던지겠다는 선전포고
아버지가 지은 집의 들창에는
혼자 뜨는 별
상량문에는 얼굴도 모르는 할아버지들이 숨겨 놓은 빚 문서
 영문도 모르고 어영차 어영차 들보를 메고서
 〈

이 집의 내력은 빛들의 산란
마루에 누워 올려다보면
이자가 별똥별처럼 쏟아져 내려
못 갚은 노래는 못갖춘마디처럼
궁상각치우 궁상각 궁상
내가 만든 곡처럼 익숙하군

빌려온 목록의 장부는 호의적이야
아무거나 내놓으라며 드러눕는 법도 없이
내게만 있는 것을 쓰라 하네
이 또한 좋은 징조

인생驛전

냄새를 두 손으로 받으면 코가 손이 되는 꿈
향기를 첫눈처럼 뭉쳐서 내게 던져 줘
밀림 속 코끼리가 북극을 꿈꿀 수 있게

밤을 새는 부엉이가 밤새 날 수 있도록
인생이라는 역전에서 기차표를 끊고
미래의 꿈들을 부적처럼 붙여 줘

전속력을 다해 거꾸로 달리면
날마다 처음부터 시작이야
손바닥을 대고 물구나무서면
구름을 딛고 일어서는 기분이야
무거운 바닥을 거뜬히 들어 올리지

마법이 아니야 비밀의 숫자를 말해 줘
꿈이 실현되는 현실처럼
그래, 앞뒤만 바뀌는 게 아니야

해를 바라면 열리는 까만 씨앗들이
우산을 펼쳐 들면 비처럼 쏟아져 내려

도착한 사람보다 떠날 사람들로 가득한 이곳에
거기 햇빛 속에 네가 서 있어

언감생詩

> *물감으로 그릴 수 있는 건*
> *무지개밖에 없다네*

천문학자와 연애하는 게 꿈이었는데
마음이 자꾸 생겨나서 그린 그림인데
언감생심

소설가 Q와 사랑에 빠지는 꿈을 꾸었다
그는 나와 경술년생 동갑
나처럼 별 볼 일 없는 소설을 쓰는 중이었고
들삼재 날삼재를 함께
파란을 넘어 만장까지는 아니어도
밀려오는 파도를 두 손으로 막겠다는 동족류의
무모함을 닮았다는 공통점이 있다

기다란 손가락만큼 시를 잘 쓰고 싶었고
커다란 발만큼이나 멀리뛰기를 잘하고 싶었다
사막을 달려온 여우에게
나의 장화 신은 고양이가 되어줄래?
막무가내를 선인장꽃처럼 피우던

그는 저항할 수 없는 장화를 신고
바다를 건너 사막까지 달려왔다

무질서하고 불명료한 구름을 양 떼처럼 몰고 왔다
아카시아꽃으로 목책을 두르고
그 향기를 내게 다 맡으라 한다

선물이랍시고
세상에서 가장 긴 문장으로 이루어진
질문을 던진다

공터와 나비

폐타이어에 앉아있는
사월의 나비는

죽어서 바퀴 굴리는
사람으로 오네

죽은 꽃들의 모가지에 앉아
입다 만 셔츠의 단추를 잠그고
신다 만 신발에 발을 넣어보고
식탁의 미역국 냄새를 맡아보네

내 눈앞에 제비꽃으로 앉은
죽은 당신은
거짓이 없네
욕심이 없네

냄새를 주머니에 불룩하게 담아가는 사람은
허공을 공터처럼 일궈놓고

가슴에 커다란 구멍으로 일군
빈터가 있다고
공중하러 날아오네

쓰다 버린

그것은 그러니까 어제의 일
시를 써 놓은 쪽지를 잃어버렸네
옛사랑이 다시 올 것 같은 그런 밤에
그래, 그렇지, 죽은 나무에 말이지
새 떼가 잠시 앉았다 간, 조문한 자리에
모래 위에 진흙 위에 파피루스에
암호처럼 쓴 시
혀끝에 쓰다만 시
시는 시에 대해
시를, 이야기하네
이제, 그만 악수를 하는 게 어떤가 하고
악수 끝에 무슨 협상이라도 할 것처럼
녹이 슨 무기처럼 한 발의 총탄도 쏘지 못할 거면서
쓰다가 버려진 시에 대해

2부

밤에는 멀리 있는 불빛을 보려 하지

새벽에 우리가 하는 것

밤과 아침을 잇는 용접공들이
분주하네
별은 운행을 멈추고 빛의 어둠 속으로
사라지네
풍구를 돌리듯 바람의 결로
시를 읽네

시는 날아와서
불의 씨처럼
연필 잡는 손가락을 태우고 심장을 태우네
첫 문장은 씨앗으로 남겨놓네
하나의 씨는 자루에 담긴 미래
당신의 심장으로 들어가 싹 트기를

나는 새벽의 첫 단추를 여네
바랭이풀 위에 앉은 이슬처럼
엎드려
공손한 하루의 첫 끼니를
새벽의 회색 접시에

이야기는 이야기

매일 밤 죽지 않기 위해
천일하고도 하룻밤

한 편의 거미줄을 토해내는
불운이 너의 손목을 꺾기 전에
반복되는 아침을
오월 장미의 닳고 닳은 가시들
아이러니의 종이 쪼가리들
백한 번째 같은 아이가 태어나는
끔찍한 이야기

천일하고도 그믐달
매일 밤 죽음이 연기되는 말들이
목구멍을 지나
거꾸로 건너는 징검돌을 지나
무용한 꽃들의 절정 없는 이야기가
무용담으로 넘치는 지뢰밭을 지나

천일하고도 초승달
당신과 내가 달의 뒤편에 대해

끝내 말할 수 없기를

천일하고도 보름달
태어나자마자 제단에 바치는 이야기
죽은 내가 죽은 나를 내려다보는 이야기
얼마나 근사한 슬픔인지 들여다보는 이야기

왕중왕

이곳은 고양이 이야기들로 가득 차 있어
내가 넘을 담이 없다
답이 없다는 말과도 아슬하게 비슷하다
묘책도 주책도 없이
모두가 왕인데 왕을 꿈꾸는 사람들
왕국을 이루었지만, 왕좌는 없다
모자처럼 왕관이 흔하고 다양하다
말들은 어지럽게 춤을 추다 다리가 꼬이기도 한다
묘책이란 쥐들을 몰살시킬 수밖에 없는 구조로 짜여 있다
그래서 피리 부는 사나이는 뻔한 이야기
이 골목 저 골목 막다른 골목
목발을 짚고 남아있어야 할 한 사람이 필요했다
월담에는 낙상이 뒤따르기도 하지
무리 중에 이탈하여 거슬러 오르는 물고기처럼
무리에서 뒤돌아와 바다를 향해 뛰어드는 펭귄처럼
신기루 앞에서 꼬꾸라지는 낙타처럼
거꾸로 박힌 비늘은 그러니까
미늘이었다

밤에는 멀리 있는 불빛을 보려 하지

밤에는 짝다리 짚듯 불빛은 별빛에게
마음은 떨어지는 나뭇잎에

오늘은 빗소리 가득 찬
동화책을 읽었네

빗방울의 뒤꿈치가 닿는 곳이 절규라지
양철지붕을 걸어가는 빗방울
발 닿는 소리마다 이름을 지어주네

균형을 잡으려고 안간힘 쓰며 의지한 곳이
난간이라네
간난의 사각지대라도 되는 것처럼
젖지 않은 것은 빗소리
한 권의 책
책 속에는 책이 없고
유용하게 잘 속아주는 문장만 있다

에펠탑을 보려 에펠탑 밖으로 나온 사람처럼
보름달이 목을 매려고 은사시나무 위에 걸려 있다

여름의 장례

어떤 결의는 양말처럼
뒤집어 벗어던지는 일
시체가 되는 연습을 한다

백일홍이 떨어지며 멍석만 한 목책을 두른다
서로의 몸에 묻은 먼지를 털어주는 원숭이들은
이 나무에서 저 나무에게로

검고 긴 행렬의 울음소리를
멀리서 듣고 있을 때
한철 나무 아래서 서서히 식어가는 것
목에 감긴 건 화환이었네
따라 죽지도 못하는

열대와 한대가 뫼비우스의 띠처럼
눈 녹은 물과 비에 젖은 물이
궁극엔 바닷물이 된다는 것

은빛 납잔에 붉은 포도주를 마시며
목이 점점 뜨거워지는 것을

여름이라고 하지

익사한 사람의 체온을 마지막으로 재는 강물처럼
젖은 돌멩이를 주머니에 넣고
한철 나무 아래서 껍질을 벗어던지는
어린 벌레처럼

일기

 어제와 같은 너랑, 어제와 같은 바람, 어제와 같은 토마토, 어제와 같은 연못, 어제와 같은 돛단배, 어제와 같은 소금쟁이, 어제와 같은 시계, 어제와 같은 자동차, 어제와 같은 밥그릇, 어제와 같은 자작나무, 어제와 같은 입김, 어제와 같은 언덕, 어제와 같은 동굴, 어제와 같은 눈썹, 어제와 같은 주제, 어제와 같은 주전자, 어제와 같은 칫솔, 어제와 같은 잇몸, 어제와 같은 둥지, 어제와 같은 연필, 어제와 같은 서쪽, 어제와 같은 책, 어제와 같은 고양이, 어제와 같은 심장, 어제와 같은 오솔길, 어제와 같은 징검다리, 어제와 같은 비밀번호, 어제와 같은 선물, 어제와 같은 소란, 어제와 같은 통로, 어제와 같은 분노, 어제와 같은 의심, 어제와 같은 베개, 어제와 같은 절벽, 어제와 같은 하품, 어제와 같은 동료, 어제와 같은 창문, 어제와 같은 그림, 어제와 같은 2월, 어제와 같은 소금, 어제와 같은 장갑, 어제와 같은 의자, 어제와 같은 사막, 어제와 같은 펭귄, 어제와 같은 암벽, 어제와 같은 구급차, 어제와 같은 사진, 어제와 같은 썰매, 어제와 같은 고드름, 어제와 같은 안개, 어제와 같은 나랑.

밤의 피카레스크

어젯밤에 들어왔던 손이
다시 들어왔다

밤은 낮의 다른 모습들에 대해 이야기했다
검은 손은 조금 더 검은 손에게
야합을 청하는 손에는 힘이 들어가 있다

고요의 가면을 가리키면서
옛날 밤이 훗날 밤에 바통을 넘기며

날벌레들은 어디서 또 날아와
새처럼 부딪친다

해가 진 쪽으로
등을 돌린 사람

열쇠를 쥔 손이
자물쇠를 잠그고 있다

숲세권

나의 말년은 숲을 누려보려 해
한 번도 가져본 적 없는 나무들
내려다보면 브로콜리 숲 같은

내겐 요일이 필요 없고
생활을 받아넘겨 줄 바통이 필요 없네

유리창을 사이에 두고
눈송이들은 작은 새처럼 날아와
머리에 부딪히겠지
그러면 나는 새에게 은혜 깊은
최초의 사람

담쟁이덩굴이 타고 올라가는
가구를 들이려 해
두려운 뱀이 유리벽을 타고 올라와도
놀라지 않으려 해

차가운 심장과 나비를
길러보려 해

〈
녹빛 덩굴이 목을 타고 절정에 오르면
마지막으로 목도리를 짜야지
그때 적당히
죽을 복을 잘 타고 태어난 사람처럼
초록의 팔에 매달리려 해

파경

이제 커튼을 치지 않아요

흰 달이

흰 다리를 건너오게요

두 다리 사이로

그 여자와 그 남자의 가계도

갈비뼈에서 부화한

이브의 노란 달걀처럼

그러니까, 한 세기의 기원 같은 달도

눈이 부실 때가 있었으니까요

몸이 닳아 차가운 우물에 풍덩
〈

푸시식, 꺼지는 나날들이니까요

눈과 코와 입술이 유리별의 모서리처럼 깨지고

우리는 조각난 각자의 얼굴을 주섬주섬 챙겼어요

달빛을 피해 새 거울을 사러 갔어요

재난영화

스크린을 뚫고 기차가 관객을 향해
달려들 줄은 몰랐다
관객을 동원해놓고 모의훈련을 하는 중이었다

거짓말처럼 단순해서 풍자는 쉬웠다
가면 속의 역할극처럼
자석처럼 끌리는 사실 때문에

순한 양들이 한 마리씩 사라졌다
입술을 바라보면서 너의 대사를 상상해보았다
이 재난이 도시의 마스크 속에서
흰 이를 드러내며 악의를 숨긴다

그토록 해보고 싶은 것이 고작 이거라니,
우리는 강을 사이에 두고 포옹했다
마스크에 덮인 입술들이
공중으로 둥둥 떠다녔다

집의 탄생

그 집이 걸어왔지
담보도 없이 전세금도 없이
통째로 광마루를 내주었지
돌배나무도 마당으로 걸어왔지
개복숭아는 개울로 걸어나갔지
십 리부터 달려온 오리나무가
그만 쉬자,
대문 앞에서 뚝 멈추었지
창을 열면 뒤란 숲이 깨지는 집이었지
한 무리의 가족들을 부려놓고
태어날 수 있는 집이 되었지
살구꽃 툭툭 지는 밤에 여우가 내려와
아홉 번 재주넘는 집이 되었지
떨어지는 꽃도 눈송이도 젖은 우산도
빛이 쌓이는 언덕 같은 집이었지
털어내고 덜어내도 남아있는 집
움틀꿈틀 비틀거리는 집, 집
죽었다가 환생하기 좋은 집
거푸집을 나오며 무한반복 하는 집
할머니가 된 옛날 여자들이
우물 속으로 빠진 달을 건지러
우르르 콸콸 몰려오는 집

Magic eye

생각을 깊게 파면 복숭아뼈에 싹이 돋지요
어제 절단된 것은 엿가락이 아니라 손가락이었습니다
하필, 사건과 진술이 맞물려 따라 들어갔을 뿐이에요

한 물체에 초점을 달리하면
두 개의 길로 갈라지는 지점이 있죠
시력을 재는 게 아닙니다
보는 것과 보이는 것
시각 차이라는 것을

절단과 단절이 교묘하게 따라 들어갔을 뿐이에요
다른 세계가 시작되는 것처럼요
투명선 밖의 기호를 읽느라 멍하니 있어요
사물은 두 눈의 교차점에서 사건화합니다
착시하는 버릇을 고쳐줍니다

희미하게 바라볼 때 상상의 세계는 선명하죠
주인공이 자꾸 후순위로 밀려납니다
다들 그렇게 말하죠
요철의 힘으로 바퀴는 굴러간다고

매끄러우면 미끄러진다고

쥐고 있는 것을 흥정하는 동안 우리는 서로 겹칩니다
옆모습은 사각지대, 시력이 나쁘면 배경만 보이죠
간격과 간격이 일치할 때 눈동자는 깨집니다

지우면 분명해지는 사건 속에서 빠져나옵니다

나의 아름다운 캐릭터

그늘을 깊게 파는 사람을 알고 있다
거푸집에 누워 왼손바닥을 찍는 중이었다

그것이 그토록 기다려왔다는 듯이
그는 도끼로 계단을 내고 나무에 오르는 일을 경멸했다
기름을 바르고 처참하게 미끄러져 내리는 일에 열광했다

어제와 마찬가지로 그는 늘 미안해서
안녕이 없는 사람
그리하여 그는 돈을 받지 않고도
아름답고 처절하게 잘도 팔았다
무엇을? 이라고 묻는 사람들에게
슬픔을 덤으로 얹어주었다
그는 매일 밤 요령부득으로 짠 스웨터를 입고
터진 옆구리를 꿰맸다

요령이 방울 소리를 내며
실패꾸러미를 안고 왔다
꽃병을 응시하다 정물의 배경이 되는 조연들은
필사적으로 필사하는 일이 파국으로 치닫도록

코너로 몰고 가는 중이었다

여전히 지하에서 촉수를 기르는 사람
아직도 제 눈을 찌르고 있는 사람

화살이 일제히 머리를 향해 날아들고 있다

그 벽장의 내력

 나는 죽은 별들처럼 던져졌지 벽장에는 할아버지의 마고자, 시간의 좀벌레가 슬어 놓은 가족들이 연대기처럼 서 있고 아버지를 낳고 다섯 명의 고모를 낳고, 물려줄 것도 없는데 작은아버지를 둘씩이나 두고, 가랑이는 찢어지는데 마루는 높고, 더 작은아버지가 될 뻔한 아기들은 그걸 알고 피 묻은 고사리손으로 태반을 감고 먼저 갔으니. 나는 죽은 별들처럼 던져졌지, 문을 열면 다섯 살 내가 생쥐처럼 까만, 이 집안 대대로 물려받은 해바라기 씨눈을 하고서, 호박단추 두어 개 달린, 여러 해 묵은 냄새가 폴폴 나는 마고자, 설날 아침 차례상 물리고 세뱃돈 던질 때 입었던, 황금색 마고자와 은색 바지, 증조할아버지 어금니에 긁힌 놋숟가락과 기침 소리를 듣고 있지. 하귀환, 이름값 하느라 징용 가서 살아 돌아온 할아버지, 고요하게 굳어버린 호박단추 속의 벌들처럼, 나는 죽은 별들처럼 던져졌지, 마루에 앉아 먼 산을 바라보며 죽을 날을 점쳤던 할머니, 나는 죽은 별들처럼 던져졌지 그 벽장 속으로 기어들어 가 배꼽을 후비며 어둠 속에 종아리가 저리도록 긴 긴 노래를 불러, 나는 죽은 별들처럼.

안부

죽은 사람은 신발장 속으로 들어온다
신다 만 신발을 마저 신는다
벗다 만 바지의 주름을 잡는다
이빨 자국이 선명한
숟가락으로 살아난다
흘러내린 모래시계를 다시 뒤집어 놓고
산 사람의 시간 속으로 돌아와
안부를 묻는다
생전의 목소리가 수화기 속에서
잘 지내고 있느냐고 묻는다
사시나무 흔드는 바람으로
붉은 입술과 흰 이빨을 드러내고
돌사진을 찍는다

3부

빗방울의 노래

일인용

 일인용을 사랑해 일인용 침대 일인용 휴일 문제는 일인용 식탁에 너를 초대했다는 것 난제는 일인용 침대에 너를 눕혔다는 것 삐져나오는 발을 내 침대 사이즈로 잘랐다는 것 웃자란 팔을 괴고 남아도는 머리를 꺾어 넣었다는 것 비라도 내리면 일인용 우산 속에 네가 자꾸 끼어들어 와 재난처럼 우리는 수재민이 되어 학교 강당에서 구호품으로 준 이불 밖으로 삐져나온 발이 좀 낭만적이었으면 싶었지 여긴 눈도 일인용으로 내리잖아 우리는 각자 눈사람을 만들고 일인용 희망이 되는 노래를 불러 일인용 극장에서 일회용 관객들에게 박수갈채를 받으며 생일 케이크에 초를 꽂아 일인용 결혼식장에서 아이를 낳아 수박이 익을 때까지 여름을 견디며 장례를 치르고 일인용 관 속에서 발을 뻗으며 완벽한 일인용으로

저울

당신과 내가 앉았던 시소에서

맨드라미 벼슬처럼 피투성이를 하고

어둠을 핑계로 저질렀던 일

높이와 깊이와 무게 값과

기울기에 대한 평균값들

밤에 내쉬는 숨들이 얼마나 축축한지

뿔이 얼마나 자라났는지

우리는 서로에게 수평을 재며

매일매일 견디는 사람

일진

고기 대신 만두소로 넣었다던
젖은 골판지의 육질 같은
속아 넘긴 것이 만두뿐이라면서
발바닥에 부적을 붙이고 걷는 사람들

상습적이었지
실패 뒤에 자꾸 찾아오는 연애처럼
물어뜯지도 못하고
짖을 줄밖에 모르는 개꿈이었지

주머니에 손을 넣으면 두둑하게 만져지는 유리구슬
오늘이라는 선택

새 구두를 신을 때마다 자꾸
뒤꿈치가 까이는 줄 알면서도
밤의 모서리를 걸어 나오겠지

눈을 뜨면 오늘의 일진이 그려진
한 장의 카드를 빼 든다
바람과 나무와 꽃으로 그려진

오후에는 서정의 한낮을 거닐고 오겠군

유리구두

이 춤을 멈출 수 없어
마리오네트의 관절이 꺾일 때마다
세상에서 가장 아름다운 춤을 추네

모든 불행은 보랏빛 입맞춤
달개비꽃으로 짓이기며
쓰다 버린 열망의 종이쪽지가
풍선처럼 날아가네

펼쳐진 적 없는 여름의 무지갯빛 파라솔
너는, 나라는 욕망의 핏빛 덩어리
나무 도마에 반쯤 벌어지는 핏물을 삼키며
성을 덮은 가시나무처럼
폐원의 과수나무처럼
푸른 손바닥들이 절벽을 기어오르네

자꾸만 벗겨지는 유리구두를 신고
투명해서 아름다운 두 발
넘어지는 아름다움을
내게 준다면

계절의 명명법

그것은 오고 있는 중이었고 내리고 있었다
녹빛으로 말해지기도 하고 하양으로 불렸다
첫, 이나 마지막으로 앞뒤를 구분하기도 했다
언덕을 넘어오다가 꽃바구니를 든 채 넘어지기도 했다
차갑고 뜨겁고 그리워하는 것 중에서
손가락을 들며 멀리서 피어오르기도 했다
예민한 피부에 솜털을 세우고 소름처럼 좁쌀을 뿌렸다
멀리서 떠오르다가 붐비기도 했다
물들기도 하고 냄새를 풍기며 사라졌다
뿌리고 쌓이며 넘쳤다 흘러내리다 지워졌다
뛰면 뜨거웠다
체온을 재며 위기가 오고 있다고 말하기도 했다
변하지 않을 거라고 믿었던 것들이 무너질 때
죽은 사람들이 태어나는 사람들보다 많은 계절이었다

파도의 자서전

발자국들이 붐비는 먼 섬까지 다녀온
파도의 혀가
물속의 일을 잊는 것

귀가 잠기는 것
혀끝을 깨무는 것
목덜미 흰 털들이 일어서는 아침과
밥물이 넘쳐흐르던 부엌

내 손바닥에 너의 손금을 대보는 것
자다 만 당신의 잠을 자보는 것
꾸다 만 당신의 꿈을 대신 꿔보는 것

접다 만 종이배를 밀고 나가
풍선껌처럼 터지는 것

파도가 핥고 지나간 자리마다
새기고 지우고 다시 새기는 분투의 여정이
파도의 일이라고

출렁, 기우는 쪽으로

당신의 발목이 젖는 것

빗방울의 노래

오리나무 숲에서 듣는 비의 발목들이
우산 위에서 춤을 출 테고

연못에 떨어지는 빗방울의 둘레마다
아름다운 이름을 지어주겠지

겨드랑이를 긁고 웃는 얼굴과
어깨를 감싸 안은 손이 네 손일 테고
너는 작은 두 발을 유월의 풀밭에 가지런히 내딛지
초록 보리싹을 조금씩 적시며

장마가 휩쓸고 간 물 찬 아궁이 곁으로 가서
불을 일으키는 바람의 손잡이를 돌리겠지
너는 물의 가장 작은 씨앗들
부드러운 벌레들이 귓가에 알을 낳을 테고
그러면 나는 모양을 바꾸어 흰 날개를 펼치겠지

그래, 우리의 작은 두 발이
첨벙거리며 뛰어오르겠지
너는 리라를 뜯는 흰 손가락들처럼

흥분한 목소리로 말하겠지

반쯤 벌어진 황홀한 입술에
악보들이 쏟아진다

피에타

치마 밑으로 떨어지는 달이
붉은 꽃잎의 무늬를 찍고 있을 때
그녀가
그토록 지키고자 했던 것은

별똥별을 가리킬 수 있는 작고 하얀 손
아름답다고 말할 줄 아는 두 개의 입술
연료가 없는 작은 배

죽은 아이를 안고서 그녀가
총부리를 향해 바리케이드를 친 건
기껏해야
빨랫줄에 걸어놓은 타메인* 한 자락
그 아래로
눈물을 향해 장전하는 쇠붙이가 녹는다

붉은 강에 흐르는 종이배의 장례 행렬
최후까지 남아있을 세 개의 손가락

행주치마에 숨긴 돌멩이는 적군이 아니라

전쟁을 향해 던져질 것이었다
눈물을 향해 쏘라고 명령하는 그들로부터
그녀가
그토록 지키고자 했던 것은

땅을 디딜 수 없는 아이의 작고 하얀 발
목이 부러진 꽃송어리들
느리게 노 저어가는 뗏목의 노래
나무와 바람으로 수를 놓은 보자기

돌가루와 찔레잎을 짓찧어
뭉친 주먹밥 같은

* 타메인Htamain: 미얀마 여성들의 전통 통치마. 타메인이 널린 빨랫줄 밑을 지나가면 남성성을 잃는다는 속설이 있음.

여자들

죽은 다음에야 이름이 불리는 여자들이
가랑이 사이 대바구니를 끼고 나물을 뜯는다

고모 이모 숙모 당숙모 시모 친모 온갖 어미들이
할머니 외할머니 큰할머니 왕할머니 온갖 할미들이

지붕 위에 흰 저고리 던져놓고
붕붕붕 박각시나방이 혼례 치르는 초저녁에
폐백으로 받은 밤송이를 가랑이 사이에 두고
가시가 찌르는 줄도 모르고

가시네 가이네 계집애 온갖 여자들이
가랑이 사이에 뜨거운 쇠붙이를 넣고
전쟁을 향해 돌을 던진다 돌을 던진다 돌을 던진다
임진년아 병자년아
소녀들아, 소녀들아 작고 여린 꽃잎들아

화냥년아 잡년아 여기가 어디라고 발을 디리놓나,
꿈들이 밤마다 설치류처럼 치맛자락을 쏠고
배냇저고리 젖내를 풍기며

소녀들아, 소녀들아 작고 여린 꽃잎들아

달이 빠진 우물에 뚜껑이 덮이고
미망의, 아직 죽지 못한 여자들이
흰 버선 신고 훨훨훨 널뛰기를 한다
금순아, 영순아

죽은 다음에야 이름 불리는 여자들이
대바구니 철철 피었다가 지는 여자들이

마트료시카

내 속엔 내가 너무도 많아
네 속에도 네가 너무나도 많아
우린 열 개의 손가락으로도 모자라

발가락까지 동원해가며 점을 쳤지
고만고만한 얼굴의 미래에 대해
겨우 지탱하거나 헛짚거나
미끄러지는 연습을 하면서

어둠 속에도 밤이 너무도 많아
회색부터 시작되는 검정의 농도들
빗줄기 속에는 빗줄기가
눈물 속에도 눈물이
내리는 비만 비가 아니어서
울음은 흐르는 물로도 모자라

얼굴에 넘치고 흘러내리는 것이
당신만이 아니어서

말속에는 말들이 너무도 많아

벗기고 벗겨도 모자라
더 이상 끓지 않는 100℃의 물에 대해
냄비뚜껑을 들썩이면서

점점 작아지는 얼굴들
기름기는 끼리끼리 띠를 두르며
마블링을 그리면서

점점 멀어지는 얼굴들
내 속엔 내 얼굴이
네 속엔 네 얼굴들이

* 가요의 한 구절.

제망매가
– 김수남 님께

간밤에 천사가 와서
당신을 양 날개 속에 감추고
날아가는 것을 보았어요
당신이 천사의 날개가 되어주는 것을
보았어요

두 갈래의 길은 이고 진 별빛 같아서
별똥별을 주우러 다녔던 굽은 등과
머리 위에 부서지는 조각들
천국으로 놓인 지름길을 찾느라
안녕이라는 인사를 그다지도 짧게 했나 보오

작은 발로는 디딜 수 없는 방의 모서리
지극한 예순네 해의 극지에서
노엘 노엘, 노래를 부르며

다시 태어날 사람이
천국의 문을 두드릴 흰 손을 내밀며
부분 없는 점들로 이루어진 세계 속으로
〈

이 모든 불가해를 물베개처럼 베고서
남아있는 애인들과
먼저 죽은 애인들에게 가닿았는지요

쏘아 올린 상실의 화살들이
투명하게
하나의 눈으로 감았다 사라지는
우주의 검은 빛 속으로

네 시와 너의 시

질문도 후회도 아닌 네 시
그래, 바로 네 시 말고
네 시의 문제점 때문에
째깍째깍 대답하는 네 시
물컹하고 달큰하고 쌉싸름한
아무 데나 푹푹 찔러대는 손가락들
복숭앗빛 솜털과 무른 자두알들
목 꺾인 해바라기가 붕대를 감고 누울 때까지
네 시를 읽으면 제목이 필요 없는 생활
이름이 필요 없는 무덤들
사람이 없고 사람이 있는
가는 대로 오는 대로 말이 많은 상점들
무인빨래방, 무인과자점, 무인텔
지금 네가 생각하는 모든 것
초가을이야? 물으면
늦여름이야! 물고 늘어지는
네 시라는 일방통보와 일방통행로
서정의 건더기와 서사의 국물이 출렁출렁하는
오후의 시들은, 시들은

所用

사라진 지 오래된 도덕 교과서
젖을 물린 적 없는 어미 개와
자꾸만 가르치려고 하는 시
어제 밟고 간 긴 문장을 다시 또
밟아야 하는 일

어젯밤에 낳은 아이를 또 낳았지
키울 수도 없는 아이들을
기른 적 없는 콩나물의 노란 머리를

맷돌의 어처구니와 떨어진 주전자의 손잡이를
물살을 거슬러 올라
해가 지기 전에 도착한 곳은
소금과 모래가 반반씩 섞인 사막
극과 극이 만나는 무대 위의 장막

깜빡깜빡 명멸하는 가로등의 망막
아래로
여름의 날벌레들만

신이라는 입술의 복화술

너와 나 사이에는
여럿 천사를 둔 두 명의 신이 있다
신은 그가 만든 피조물들에 의해 자라고 있었다
귓불이 늘어진 귀와 시력 좋은 눈
장악하기 좋은 손
피조물은 신의 얼굴에
기도를 삼키는 입을 그려 넣었다

숨이라고 생각되는 한숨을 불어넣었다
말하는 입술과 혀의 길이와 구강구조마저도
피조물의 소행이었다
신의 복무에 엎드려 충실한 신자들이었다

두 명의 신은 번갈아가며
두 나라의 문자로 쓰여진 경전을 남겼다
신전의 근처에 누구 하나 얼씬 못할 도랑을 파고
둘레를 치고 성호를 그었다
두 나라에는 해자를 건널 소금쟁이 한 마리 없었다
띄울 수 있는 배가 없었다
〈

모두의 원인이 되신 조물주는 위대해야 하므로
쓸모없는 책들은 불태워졌다
쓸모를 다한 신자들은 강물에 뛰어들었다

엎드려 우는 사람 곁에서
함께 엎드려 울어 본 사람이 아무도 없었다

4부

구름의 화법

끝말잇기

우리는 자주 마주 앉아
도래할 얼굴에 대해 이야기했다
다음 차례는 누구야?

앞사람이 흘린 것을 주워 들고
다음 사람에게 던질 것을 생각했다
문제를 만들며 문제를 넘기며
한참을 생각하다가도 낱말이 떠오르지 않으면
머리를 쓰지 않은 대가로 머리를 맞았다

시간이 흐를수록 얼굴은 좁아졌고

그게 누구든 언젠가는 맞게 되어있으니까
이 게임이 원래 맞기 위한 것 아니었어?
질문은 모범답안 같았다

맞고 싶은 사람보다 때리고 싶은 사람이 더 많다는 것
궁극에는 맞는 사람이 사라져야 이번 생이 끝날 것 같았다

총량의 얼굴과 총량의 머리가 사라지고 있었다

드라마틱한

세계는 점점 연출될 것이다
스크린과 휴대폰의 액정 안에서
허구를 공유하는 사람들에게 대본은 더 잘 읽힐 것이다

예견된 대화를 주고받고
끝날 때까지 예정된 시간을 견딜 것이다
수정 가능한 계획은 없고
갈등은 여전히 재구성될 것이다

카메라의 프레임에 갇힌 사람은 주연이 될 것이다
찍는 사람도 찍히는 사람도

그럴듯하게 연루된 사건은 패턴을 반복하고
리턴과 유턴은 다를 바가 없을 것이다
뻔한 장면에서 연인들은 서둘러 키스를 퍼붓고
반전은 연장전처럼 지루할 것이다

출연자는 늘고 관객은 모자랄 것이다
예정된 시간에 태어나 예정된 시간에 종료될 것이다
〈

홍수가 일어날 것이다
사전은 찢기어 글자들이 지워질 것이다
대본은 다시 쓰여지고

누구나 알고 있으나 아무도 알지 못하는
2부가 시작될 것이다

열쇠

 열쇠를 잃어버렸다 없는 사람을 업고 열쇠를 찾고 있었다 바위의 말문을 여는, 모과의 과즙을 흘리게 하는 열쇠였다 비밀 가득한 과학실험실의 문을 따는 열쇠였다 시의 첫 문장을 딛는 열쇠였다 백 년 동안 갇힌 광부의 갱도를 뚫는 열쇠였다 백 년 만에 찾은 사람 앞에서 심장을 움켜쥐는 열쇠였다
 열쇠를 찾아 세계 끝까지 다 돌고 나니 잃어버린 것을 잊어버렸다 털썩 주저앉아 윗도리 주머니 속에서 발견한 열쇠였다 찾고 나니 열어야 할 문이 없는 열쇠였다 없는 사람은 업은 사람을 내려놓고 말했다 "이제 다 왔군, 여기가 바로 연옥이라오."

옛말들

옛날에는,

옛날이라는 해일이 밀려온다
시절의 물고기를 매달고
나각을 빠져나간 소라의 맨살
빈집을 두고 맨몸으로 나간 사람

여름의 흰 모래알갱이를 종아리에 묻히고
죽은 사람이 아직 죽지 않은 사람에게

목소리가 얼굴에게
겨드랑이의 체온과 입고 있던
사계절의 옷과 신발들
펼 수 있는 손바닥과 접을 수 있는 무릎
살갗의 무늬를 이루고 실금을 남기고 간 사람에게
어디든 갈 수 있는 세계지도를

옛날에는,
폭우처럼 쏟아지는 장면의 사진들
당신이 걸었던 골목길을
나의 보폭으로 따라가 보는 것

저녁의 입술

어둠을 삽으로 파면 또 어둠
그 저녁을 한 움큼 쥐어본다
저녁의 아가미와 저녁의 꼬리를
손아귀에서 미끄러지는 검은 실뭉치를 풀어본다

손가락 사이로 흐르는 저녁은 어디에나 있으니
은사시나무로부터 헤엄쳐 와서
그늘 넓은 오동나무에 가는 물결과
서둘러 닿고 싶은 물살의 바람

밤의 가로등 둘레에서 노랗게 몰락하는 저녁이 있다
새들은 일제히 땅 밑에 비상구를 판다
내일의 부리와 내일의 날개와 나란히 눕는다
숨을 뱉는 이파리들, 검은 날개 파닥이는 곳
뭉치면 마디가 생기는 곳이 저녁의 가슴

아직 도착하지 않은 저녁도
이미 와버린 저녁도
그대로부터 출렁거려 왔으니
저녁이 숨 쉬는 허파의 안쪽

물결이 먼저 도착한 곳 거기

슬픔은 말해질 수 없는 거라고
은빛 비늘이 파닥이는 곳
별들의 좁은 틈을 비집고
과녁이라고 믿는 곳에 뭉친 저녁을 던져본다

사방천지 모두 과녁이거나 텅 빈 곳 거기
검은 입술이 열린다

겨울왕국

우리는 서로의 겨울인 듯
주머니에 얼음을 가득 채워주었지

새어 나오는 게 모두 빛이 될까 봐
서로의 국경에 암막 커튼을 내리고
관념으로 가득 찬 기도를 올리지

녹는 것이 체질인 사람으로
서로를 빚으며 우리는 차갑게 녹기를 바랐지

빙벽을 오르며 재난 문자로 가득 찬 책에
서로의 첫 페이지가 되기로 했지

흘러나오는 게 모두 고백이 될까 봐
우는 사람은 낮달의 얼굴을 하고 있다네

낮과 밤의 표정이 반반씩 들어찬
극지의 백야처럼
피는 꽃은 모두 눈꽃

울어야겠다

시장 한복판에서 꽃모종을 파는
노파의 넘치는 바구니 앞에서

모래사장에 신발을 벗어놓고 울어야겠다
숲에서는 기린의 목이 자라고 있다
이파리들은 울어야겠다

공원 위를 나는 비둘기 아래서 뛰고 있는 사람들
견고한 풀들과 무너지는 의지 속에서
아침부터 자정까지 매미가 붙어 있는 나무는
울어야겠다
장마 지난 물컹한 참외처럼 울어야겠다

변기 레버를 누르면 기다렸다 쏟아지는 물처럼
손등으로 막을 수 없는 구름은 울어야겠다
시어나무 잎사귀 뒤에서 비처럼
울음을 딛고 일어서는
울음처럼

볼록거울

내게는 아직 없는 창이다

발문 없는 시집의
시든 배추처럼
소금으로 절인 자음과 모음들
짜디짠 별들
말이 많은 책 속에서
발이 많이 달린 지네는 산으로 올라가고

차가운 것 앞에서 굳어버리는 소기름처럼
너의 정체성
하루에도 몇 번이고 끊어지는 구절들
채무 관계 속으로 날아든 뜻밖의 대답
빛들의 산란과 새끼 치는 그림자들

최선을 다해 누릴 수 있는 발
십오 분 동안의 산책길
창조적 걷기
왼발 다음엔 다시 왼발
〈

많은 말들을 낳아 기르도록 훈련된 시인들
거리조정에 실패한 사진
삼거리 굽잇길에 서 있는 볼록거울 앞에서
모퉁이를 돌아 나오는 한 사람

W&M

우리는 서로의 심장에
사랑의 모형이라고 생각하는 것을 그리고 있었다
무지개가 뜰 때까지
파란 고무호스의 물을
서로의 몸에 쏘아 올리며
기린의 목을 노리는 악어처럼

서로의 목을 물어뜯고 있었다
조금이라도 더 많이 마시려고
구멍이 큰 빨대를 꽂고
결기로 과장된 얼룩덜룩한 무늬를
기준이 다른 체온계를 입에 물고 재고 있었다

섭씨와 화씨 사이에서
연기를 뿜으며 날아가는 드라이아이스처럼
화상을 입히면서 재생할 수 없는 가죽의 무늬를

쥐고 있는 물감으로 찍고 있었다
우리는 각자 좋아하는 색깔의 물풍선을
심장에 던지며

어떻게든 서로에게 시詩가 되어보려고
숨이 차도록 허파에
풍선을 불고 있다

흔들의자

의자에 앉았다 간 사람이 남긴 울음을
다른 이가 와 앉아
두 손에 받는다

울음은 하품처럼 도미노처럼
물기를 다 받아 쓰러뜨리고
바통을 쥔 채

흔들수록 흔들리는 그네처럼
숲의 나무들도 흔들수록 흔들릴수록
흔들다가 떨어뜨리는 파란 손바닥도

용케 받은 첫눈이
손바닥에서 사라지는 걸 보았지
죽은 나무 그루터기에서 날아가는
초록 새들을 보았지

우리에게 남은 모래와 잿빛 가루
달력의 날씨와 요일
〈

가난하게 더듬어 온 사랑의 부산물도
흔들수록 흔들릴수록
손가락 사이로 빠져나간다

밤 꿈 잠

밤. 한낮의 열망들이 꿈꾸는
꿈. 반딧불이처럼 뜬 눈들이 꾸는
잠. 풀섶에 숨어 있던 별들이 깜빡깜빡 자는
밤. 모의를 하는
꿈. 세모 탁자의 보자기를 팽팽히 당기는
잠. 잡아당기면 꼭짓점 같은
밤. 끌리는 쪽으로 뾰족한
꿈. 잠이 오는
잠. 과꽃이 핀 어린 동산에서 보았던
밤. 발톱을 숨기는
꿈. 꽃술도 없이 꽃잠도 없이 꾸는
잠. 질질 끌고 여기까지 온
밤. 그믐달을 밀며 동쪽 별들이 태어나는
꿈. 등에 배어 찌를 때까지 꾸는
잠. 깨지 않는

고백성사

    하느님, 고백하면 성사되는 만사가 속주머니를 다 털어내 감춘 먼지까지 까발려도 거룩한 제단에 바치는 성스러운 음식에 대해 먹고 싶은 것이 없어요 배가 고플 뿐 냄새를 모르겠어요 눈앞에 보이는데 손을 뻗는다는 것이 공터에 잠자코 앉아있는 바람 빠진 축구공에 가해지는 발길질 같아서 발밑에 깔린 우유팩 같아서 밟으면 팩, 새어나가는 공기 같아서 나에 대해 말하라고 한다면, 기체보다 가볍고 물보다 투명해서 무게를 잴 수도 무지개도 없어요 너를 이루는 색깔을 말하는 것이 너무 가혹해서 커서가 깜빡이며 기다리는 것이 혹독해서, 주문이 많은 요리점* 같아서 나를 벗고 너를 벗기는 양파 같아서 껍질째 갈아먹는 유기농 사과 같아서 첨벙 빠지는 냄비 속 건더기 수프 같아서 무엇을 먹으라는 건지, 숨길 수밖에 없는 걸요

* 미야자와 겐지의 동화집 제목.

구름의 화법

구름은 여태 제 모습을 보여 준 적이 없어
형상은 당신 머릿속에나 있지
내가 만들 수 있는 건 물방울이 아니야, 보다 가볍지
당신의 어깨를 적실 수도
당신의 입가를 핥을 수도 있지

그러니 나를 구름이라 이름 짓는 건 아주 치명적이지
네가 구름이라고 부르는 것들, 네가
토끼, 라고 부르면 난 하마처럼 하품을 해 네가
고양이, 라고 부르면 난 호랑이처럼 포효하지 네가
의자, 라고 부른다면 금세 침대를 만들어 줄 수도 있어
만지면 폭삭 꺼지는 먼지버섯, 그러니 나를
버섯이라 불러도 좋아
형상은 당신 눈 속에나 있지
그러니 S라인 B라인은 네 이름

무대가 아닌 곳에서만 춤을 출 거야
내 음악은 내 귀로만 흘러들어 언제든지
다시 태어날 수 있어 나를
이해하려 시도한다면 그것은 서툰 오해

나를 만지려 든다는 건 아주 절망적이야
롤러코스터를 생각한다면 모르지
추락은 오로지 빗물, 눈물

행여 구름을 담아서 팔 수 있다고는 생각하지 마
내가 할 수 있는 건 당신의 시선을 구부리는 일
악어, 라고 하면 도마뱀이 되어줄래?
고래, 라고 하면 돛단배가 되어줄래?
나에게 나를 너, 라고 불러 줄래?
뭉게뭉게 피어오르는

시집

슬픔을 양산하는
닭장의 달걀들
훔친 빵조각에 핀 푸른곰팡이
이별의 아름다운 흰 손수건 위에
펄럭거리는 나비

찔레 덤불 속에 숨겨 놓은
흰 돌의 약속

죽은 사람은 산 사람의 심장에 무덤을 쓰네
죽은 사람의 입술을 빌려
돌잔치 상에 올려놓은 실타래를 쥐고서
다시 태어나네

이 모든 그림자와
이 모든 혼잣말과 메아리를
이 모든 중심의 바깥을
맨발 아래 숨겨 놓은
유리 조각들
〈

나는 오늘 아침 침대 밑에서 보았네
폴폴 날리는 한 줌의 먼지 속에
이 시가 있음을
먼지와 모래로 지은 시의 집을

■ 해 설

닿으려는 마음의 역설

박동억(문학평론가)

1. 두 갈래의 시선

시적 몽상이 어떤 대상이나 사건을 바라보는 것이 아니라 그것 자체가 '됨으로써' 깊어지는 것이라면, 하기정 시인의 시를 따라 읽는 것은 몽상의 도정을 뒤따르는 것과 같다고 표현할 수 있겠다. 예컨대 그의 시는 마치 관찰 대상으로 빨려 들어가 세상을 바라보는 새로운 감각을 일깨우는 듯하다. 첫 번째 시집 『밤의 기 낮의 입술』(노악, 2017)을 읽어나가며 확인하게 되는 것은 낯선 대상과 동질화하는 '나'의 여정이다. 이와 함께 시시각각 변하는 것은 화자의 톤이다. 시 「자각몽-각자角者나 무치無齒나」에서는 '뿔'과 '송곳니'를 지닌 포식동물처럼 말하다가도, 시 「접는」에서는 종이로 접은 '비행기'의 위태로운 자세로 말한다. 요컨대 "마트료시카를 하나씩 벗기며 나는 조금씩 작아"(「그 자작나무 숲으로」)지고 있다는 표현처럼, 그의 시에서는 하나의 장난감을 만지는 행위조차 그 대상과 동기화하는 방식인 셈이다.

이후에 간행한 두 번째 시집 『고양이와 걷자』(걷는사람, 2023)에서 전개되는 몽상의 원리는 좀 더 탄력을 지닌다. 앞서 살펴본 이입의 운동과 반대로 이입한 대상으로부터 빠져나오는 소격의 운동 역시 두드러지기 때문이다. 이를테면 "죽은 나무둥치에 느닷없이 핀 꽃처럼 한때/ 여름의 푸른 폭설을 두 손에/ 받을 수도 있겠다고 생각한 적이 있다"(「화양연화」)라는 문장 속에서 우리는 젊었던 여름날을 회상하는 듯 보이면서도 현재의 '나'가 그 시간과 충분한 '거리를 두고' 있음을 확인한다. 이처럼 이 시집의 미적인 긴장을 자아내는 것은 이러한 시차가 만들어내는 이항대립이라고 할 수 있다.

한편 이번 시집 『나의 아름다운 캐릭터』가 간행된 시점과 두 번째 시집이 발표된 사이의 시간적 격차는 크지 않다. 이 때문인지 시적 형상화의 원리 또한 연속선상에서 이해할 수 있을지도 모르겠다. 이렇게 표현할 수 있지 않을까. 몽상의 측면에서는 원근이동으로, 정조의 측면에서는 도취와 관조라는 이중성으로, 언어의 측면에서는 역설로서 그의 시는 성립하는 것처럼 보인다. 따라서 그의 시가 미적으로 풍부한 느낌을 자아내는 이유는 외견상 언어의 다채로움 때문으로 오인될 수 있지만, 근본적으로는 작품 구조에 내포한 역설이나 이중성 때문이라고 판단된다.

    그는 슬픔에 관한 한
    긴 목을 지녔다
    바람의 구멍을 열면
    두 개의 목이
    서로의 목구멍에 대고
    울음을 불어 넣었다

    달빛을 가르는 여름 나무의
    녹청색 그림자들
    놋쇠 바닥에 달라붙은
    저녁의 검은 그을음

    울유통의 깊은 바다을 딛고 일이시는
    눈물과 같은 비소와
    눈웃음을 그은 선과 같이

    침묵이 그를 긴 관에 눕혔다

관통하는 게 울음인지 노래인지
한통속으로 통했다

빛나는 관록과도 같이
청춘의 목울대에 빨대를 꽂고
숨을 불어 넣자

길고 긴 울음을
연주했다

― 「바순」 전문

  이 작품에서 서정적 울림을 자아내는 장치는 화자가 아닐까. 우선 '나'는 바순을 연주하고 있다. 무엇보다 악기가 시인에게는 각별한 타인처럼 대해진다. 그리하여 바순을 '연주한다'라고 쓰는 대신 "두 개의 목이/서로의 목구멍에 대고/울음을 불어 넣었다"라고 쓰는 것, 즉 '그'와 '입 맞춘다'라고 쓰는 것이 시인의 문법이다. 마찬가지로 "그는 슬픔에 관한 한/긴 목을 지녔다"라는 문장은 단지 바순의 몸통에 대한 비유만은 아니다. 거기에는 슬픔을 오래 견뎌야 할 바순의 신체에 대한 심려가 깃들어 있다. 또한 "울음통의 깊은 바닥"과 "눈물과 같은 비소"와 "눈웃음을 그은 선"과 같은 의인법 또한 마찬가지다. 그것은 슬픈 마음을 간직한 채 애써 웃음을 지어보는 바순의 얼굴을 상상하는 태도를 내포한다.

그런데 '나'는 바순처럼 연주되는 '나'이기도 하다. '서로의 목구멍에 대고' 연주가 행해진다는 표현처럼, 바순에 대한 모든 표현은 실상 '나'의 감정 상태에 대한 비유로 읽어도 좋기 때문이다. 바순의 슬픔이란 곧 나의 슬픔이다. 바순이 침묵한다면 나 또한 침묵할 것이며, 바순이 울든 노래하든 나 또한 '한통속'처럼 호응할 것이다. 이러한 제스처의 반복은 실상 '내' 삶에서 지속하는 슬픔의 운율을 뜻한다. 끝내 "청춘의 목울대"까지 바순의 반향이 넘치며 결국 "길고 긴 울음"을 연주한다는 표현은 시인 자신이 견뎌야 할 울음의 시간적 길이를 표현한다. 그는 청춘부터 현재에 이르기까지 끝나지 않는 슬픔을 견디고 있다.

간단히 말해서 「바순」은 '나'의 슬픔을 폐부로 스며드는 바순의 둔중한 울림으로 비유하는 서정적 작품이지만, 이 작품의 특별한 미감은 바로 화자의 이중성에서 발생한다. 그는 자신의 슬픔을 '연주하는' 동시에 '연주되는' 위치에서 다시금 자신을 바라본다. 요컨대 자신의 슬픔을 두 개의 각도에서 바라봄으로써 이 시는 서정적 감동을 배가하고 있는 셈이다. 바순을 의인화하거나 침묵을 '관'으로 비유하거나 관(棺)이 관(管)을 떠올리게 하는 언어유희라는 사실 등은 이에 비하면 부차적일 수 있다. 슬픔에 사로잡힌 몸과 그 몸을 연주하는 손, 이 이중의 이미지가 이 시를 중층적으로 느끼게 만드는 것이다.

2. 열린 장소, 몸

시집의 또 다른 원리는 유대감이다. 기본적으로 '숨'을 서로의 몸속에 불어 넣는 이미지는 관능적이다. "우리는 각자 좋아하는 색깔의 물풍선을/심장에 던지며/어떻게든 서로에게 시詩가 되어보려고/숨이 차도록 허파에/풍선을 불고 있다"(「W&M」)라는 시구에서는 관능적 색채가 조금 더 뚜렷하다는 것을 알 수 있다. 숨결은 상대의 영혼을 나의 빛깔로 물들이려는 손짓인 셈이다. "선물이랍시고/세상에서 가장 긴 문장으로 이루어진/질문을 던진다"(「언감생詩」)라는 진술에서도 말 건넴은 곧 '선물'로 간주된다. 여기서 '세상에서 가장 긴 문장'은 곧 평생 읽어나가야 할 '선물'이기도 하다.

폐타이어에 앉아있는
사월의 나비는

죽어서 바퀴 굴리는

사람으로 오네

죽은 꽃들의 모가지에 앉아
입다 만 셔츠의 단추를 잠그고
신다 만 신발에 발을 넣어보고
식탁의 미역국 냄새를 맡아 보네

내 눈앞에 제비꽃으로 앉은
죽은 당신은
거짓이 없네
욕심이 없네

냄새를 주머니에 불룩하게 담아가는 사람은
허공을 공터처럼 일궈놓고

가슴에 커다란 구멍으로 일군
빈터가 있다고
공중하러 날아오네

― 「공터와 나비」 전문

 "죽은 당신"을 애도하는 이 작품에서 확인할 것은 마음가짐과 몸짓이다. 죽은 이가 영영 저 먼 곳으로 떠나버렸다고 기록하는 대신, '사월의 나비'조차 "죽어서 바퀴 굴리는/사람으로 오네"라고 기록하는 마음이란 무엇인가. 그것은 삶과 죽음의 영역이 서로 소통할 수 있다는 믿음을 드러낸 것일지도 모른다. 한편 "죽은 꽃들의 모가지"에 앉아서 '내가' 행하는 몸짓은 옷매무새를 정돈하는 일이다. 그것은 더 정확히 말해서 중단했던 옷매무새의 정돈을 다시 이어 나가는 과정이다. 슬픔은 삶을 마비시킨다. 애도의 완수는 다시 삶을 재개할 수 있게 해준다. 따라서 "입다만 셔츠의 단추를 잠그고"라는 시구는 슬픔으로부터 애도로 이행하는 하나의 몸짓을 표현하고 있다.

결국 산 자와 죽은 자가 유대하는 방식을 이 시는 보여준다. 산 자는 죽은 자가 이곳으로 '올 것이라고' 믿어본다. 죽은 당신을 떠올릴 때 셔츠를 입는 법을 잊었다가 다시 슬픔을 이겨내고 삶으로 되돌아간다. "가슴에 커다란 구멍으로 일군/빈터가 있다고/공중하러 날아오네"라는 작품의 마지막 연을 우리는 어떻게 받아들여야 하는 것일까. 이 빈터는 후련하게 모든 것을 떠나보낸 공간일까, 아니면 당신의 부재를 "공중하러 날아오는" 그 모든 현실을 받아내는 공터일까. 이 작품의 마지막 연은 역설적으로 읽히며, 이 역설 자체가 시인의 의도일지도 모른다. 음미해야 할 것은 그 역설과도 유대하는 시인의 가없는 마음의 자세이다.

> 슬픔은 말해질 수 없는 거라고
> 은빛 비늘이 파닥이는 곳
> 별들의 좁은 틈을 비집고
> 과녁이라고 믿는 곳에 뭉친 저녁을 던져본다
>
> 사방천지 모두 과녁이거나 텅 빈 곳 거기
> 검은 입술이 열린다
>
> —「저녁의 입술」부분

 슬픔을 발음하는 순간 열리는 '검은 입술'이 있다. 그것은 절망한 이에게 응답하는 입이 존재한다는 말로도 이해할 수 있다. 마음이 비상구를 찾아 헤맬 때 검은 입술은 어떤 말을 건넸을까. 그것은 무엇인가를 '과녁'으로 삼는 모진 말일 수도 있고, 다만 받아낼 뿐인 '텅 빈' 말일 수도 있겠다. 중요한 것은 응답한다는 믿음을 지속한다는 사실이다. 그리고 그 응답이 설령 "말해질 수 없는" 슬픔에 호응하는 것일지라도 시인은 분명히 "뭉친 저녁"을 던지는 순간 세상은 '열린다'라고 쓰고 있다.

 「공터와 나비」의 '빈터'와 「저녁의 입술」에서 '텅 빈 곳'을 비교하며 살피는 것은 흥미로운 일이다. 두 공간은 똑같이 신체이다. 「공터와 나비」에서 '빈터'는 구멍이 나버린 가슴이었고, 「저녁의 입술」에서 '텅 빈 곳'이란 곧 입술이었다. 어느 쪽이 사람을 맞이하고 환대하기 위한 신체에 가까운 것일까. 어느 쪽이 사람과 유대하기 위해 더 활짝 열린 신체일까. 아마도 입술의 관능적인 뉘앙스가 조금 더 의미심장하게 와닿는 듯하다. 중요한 것은 근본적으로 두 작품에서 빈 공간은 불가능한 만남을 예비하는 열린 장소라는 것이다.

3. 환한 아이러니

몇몇 작품에서 타인과의 내밀한 접촉은 부정적인 것이 되기도 한다. 이를테면 "우리는 서로에게 수평을 재며//매일매일 견디는 사람"(「저울」)이라는 시구처럼 때론 타인은 '매일매일 견디는' 대상이 될 수도 있다. 그것은 그들이 시의 제목처럼 서로 균형을 맞추기 위해 견주며 불편을 감수하는 타자로 간주하기 때문이다. 또한 시집에서 '숨결'은 신앙을 상징하기도 한다. 신자들이 신의 얼굴에 입을 그려 넣은 뒤 "숨이라고 생각되는 한숨을 불어 넣었다"(「신이라는 입술의 복화술」). 이것은 신앙을 지키기 위해 우상을 만드는 하나의 우화처럼 보인다. 그런데 눈여겨볼 것은 이러한 불쾌한 접촉이나 우상의 신화처럼 불행담을 형상화하는 방식이다.

빈 문서의 커서는 깜빡이는 별처럼 아름다워

누울 자리를 봐 둔 사람처럼 기쁨이 넘치는군

죽을 자리를 정해 놓은 것처럼 안심이 되는군

유비무환이 가훈이었던 적 있었지

북어처럼 속을 다 내줄 준비를 하면서

근심이 있다면 속절없이 바다를 그리워하는 것

맥락 없이 쏟아지는 빗물을 받아 마셔야 하는 것

활자 속으로 들어간 사람들은

무기를 다 내려놓지 죽은 시계처럼

빈 문서는 미래의 첫눈처럼

뭉치면 던지겠다는 선전포고

아버지가 지은 집의 들창에는

혼자 뜨는 별

상량문에는 얼굴도 모르는 할아버지들이 숨겨 놓은 빚
문서

영문도 모르고 어영차 어영차 들보를 메고서

이 집의 내력은 빚들의 산란

마루에 누워 올려다보면

이자가 별똥별처럼 쏟아져 내려
못 갚은 노래는 못갖춘마디처럼
궁상각치우 궁상각 궁상
내가 만든 곡처럼 익숙하군

빌려온 목록의 장부는 호의적이야
아무거나 내놓으라며 드러눕는 법도 없이
내게만 있는 것을 쓰라 하네
이 또한 좋은 징조

- 「빈 문서」 전문

역설은 이 시의 정서를 끌어내는 힘이다. 누울 자리 혹은 죽을 자리를 정하면 안심이 된다는 역설처럼, '빈 문서'를 응시하며 시인은 과거를 회상한다. '빈 문서'는 "얼굴도 모르는 할아버지들이 숨겨 놓은 빚 문서"를 떠올리게 하는데 물론 그것은 집안의 가난을 상징한다. 따라서 그 가난한 집에서 근심을 멈출 수 없으니 '유비무환'은 가훈이었을 테고, 빚 청산이 곧 의무였을 테니 "북어처럼 속을 다 내줄 준비"를 해야만 했을 것이다. 심지어 시인에게 이 모든 현실이 "내게만 있는 것을 쓰라"고 청구된다고 하더라도 "이 또한 좋은 징조"라고 표현하는 아이러니가 음미할 만하다.

이때 가난이 곧바로 불행감으로 이어지는 것은 아니다. 오히려 이러한 가난을 긍정하거나 유쾌하게 표현하고자 하는 태도가 이 작품에는 우선한다. 두드러지는 것은 언어유희이다. 별이 떠오르게 하는 '빛'과 가난한 집안의 '빈' 공간과 이자만 불어나는 '빚'의 유사성은 이 시의 음성적 유희라고 할 수 있다. 유희성을 극대화하는 것은 "궁상각 치우 궁상각 궁상"이라는 음악적 표현이다. 이것은 지지리 궁상맞은 자신의 처지를 표현하는 것이면서 그러한 불행을 노래의 리듬으로 우회하여 표현하는 것이기도 하다. 불행 앞에서도 웃는 얼굴이란 결국 물질적 가난에도 불구하고 정신의 위상을 드러내는 표상이다.

    그 집이 걸어왔지

    담보도 없이 전세금도 없이

    통째로 광마루를 내주었지

    돌배나무도 마당으로 걸어왔지

    개복숭아는 개울로 걸어 나갔지

    십 리부터 달려온 오리나무가

    그만 쉬자,

    대문 앞에서 뚝 멈추었지

    창을 열면 뒤란 숲이 깨지는 집이었지

    한 무리의 가족들을 부려놓고

태어날 수 있는 집이 되었지
살구꽃 툭툭 지는 밤에 여우가 내려와
아홉 번 재주넘는 집이 되었지
떨어지는 꽃도 눈송이도 젖은 우산도
빛이 쌓이는 언덕 같은 집이었지
털어내고 덜어내도 남아있는 집
움틀꿈틀 비틀거리는 집, 집
죽었다가 환생하기 좋은 집
거푸집을 나오며 무한반복 하는 집
할머니가 된 옛날 여자들이
우물 속으로 빠진 달을 건지러
우르르 콸콸 몰려오는 집

— 「집의 탄생」 전문

앞서 살펴본 작품과는 대조적으로 여기에는 당당하게 걸어오는 역동적인 '집'의 이미지가 제시된다. "담보도 없이 전세금도 없이/통째로 광마루를 내주"는 '집'은 호혜의 자세이기도 하다. 집안의 정원을 이루는 나무와 열매, 심지어 밤이면 여우가 재주를 부린다는 설화조차 집안에 채워져 있다. 이 신비로운 집의 이미지는 절대 훼손되지 않는 집의 상징이다. "털어내고 덜어내도 남아있는 집"이라는 표현이 이 집이 사라질 수 없는 원형임을 암시한다. 그것은 "거푸집을 나오며 무한반복 하는" 초시간적이고 초공간적인 집에 대한 보편적 몽상을 내포한다.

작품 말미에 부여되는 여성적 이미지는 이 집이 여성적 자궁 혹은 잉태와도 상동성을 지니고 있는 것은 아닌지 반문하게 한다. 할머니와 옛날 여자들, 그리고 '달'은 전통사회에서 일관되게 음陰의 기운을 지니는 것으로 간주했다. "우르르 콸콸 몰려오는 집"은 집에서 새로운 집을 출산하는 겹이미지를 우리에게 떠올리게 한다. 그것은 무한히 반복할 수 있다. 결국 '집'이란 생명 거듭 재생산하는 자궁이고, '우르르 콸콸'은 신체의 활력을 형용한다. 새로운 생명을 잉태할 수 있는 건강한 신체야말로 시인이 상정하는 '집'이자 인간의 처소인 셈이다.

4. 몽상의 불씨

삶을 체험하는 입장과 관조하는 입장, 양면에서 바라봄으로써 서정적 울림은 배가된다. 신체를 열린 상소로 만듦으로써 감각은 낯선 대상들과 결합한다. 불쾌와 불행을 촉발하는 접촉은 역설과 아이러니를 활용한 언어적 표현으로 덧씌운다. 여기에는 수사적 형식과 존재론저 자세기 복잡하게 뒤얽혀 있다. 바로 이러한 형식과 자세에서 시인의 시 쓰기는 성립한다. 바로 이러한 형식 속에서 시인의 '아름다운' 형상 또한 길어 올려진다.

그늘을 깊게 파는 사람을 알고 있다
거푸집에 누워 왼손바닥을 찍는 중이었다

그것이 그토록 기다려왔다는 듯이
그는 도끼로 계단을 내고 나무에 오르는 일을 경멸했다
기름을 바르고 처참하게 미끄러져 내리는 일에 열광했다

어제와 마찬가지로 그는 늘 미안해서
안녕이 없는 사람
그리하여 그는 돈을 받지 않고도
아름답고 처절하게 잘도 팔았다
무엇을? 이라고 묻는 사람들에게
슬픔을 덤으로 얹어주었다
그는 매일 밤 요령부득으로 짠 스웨터를 입고
터진 옆구리를 꿰맸다

요령이 방울 소리를 내며
실패꾸러미를 안고 왔다
꽃병을 응시하다 정물의 배경이 되는 조연들은

필사적으로 필사하는 일이 파국으로 치닫도록
코너로 몰고 가는 중이었다

여전히 지하에서 촉수를 기르는 사람
아직도 제 눈을 찌르고 있는 사람

화살이 일제히 머리를 향해 날아들고 있다
― 「나의 아름다운 캐릭터」 전문

  시인이란 어떤 '캐릭터'일까. 이 작품의 역설은 '처참하게 미끄러지고' 모든 글쓰기가 필사적으로 '파국으로 치닫는' 그 사람의 형상에 '나의 아름다운 캐릭터'라는 제목을 덧붙인다는 사실이다. 스스로 제 눈을 찌르고, 화살에 맞아 수난을 당하는 이 비참과 곤경이 어떻게 아름다울 수 있을까. 아마도 우리는 이 모든 곤경을 '당하는' 입장이 아니라 스스로 '받아들이는' 입장에서 생각해 볼 필요가 있다. 다시금 시를 천천히 읽어나가면, "그는 도끼로 계단을 내고 나무에 오르는 일을 경멸했"기 때문에 차라리 미끄러져 추락하기를 바라는 것이다. 또한 그는 돈벌이의 수단으로 자신을 판매하는 것이 아니라 "돈을 받지 않고도" 자신을 "아름답고 처절하게 잘도" 판다.
  근본적으로 그는 "아직도 제 눈을 찌르고 있는 사람"이다. 그것은 그가 타인에 의해 상처 입는 것이 아니라 스스로 상처 입으며, 스스로 상처를 승인하고 받아들이는 자임을 선언하는 방식으로도 유추할 수 있다. 바로 이것이 하기정 시인의 역설적인 문법이다. 그것은 질 들뢰즈가 마조히즘이 사디즘보다도 더 우월하다고 표현했던 이유를 떠올리게 한다. 외견상 마조히스트는 사디스트에게 당하는 자처럼 보이지만, 실제로 그는 자신을 가학하는 타자조차도 자신의 세계 안에 하나의 대상으로 속하게 만드는 것이다. 심지어 자신의 고통조차도 말이다.

시집에는 시 쓰기에 대한 메타적 진술이 상당수 발견된다. 이를테면 시인은 "내가 나에게 보내는 택배 상자처럼/연민은 시가 되지 않는다"(「퍼즐 맞추기」)라고 단언한다. 그것은 자기연민으로 이루어진 시가 '나에게 보내는 택배 상자처럼' 독백에 지나지 않다는 사실을 뜻한다. 그러한 독백을 경계하기 때문에 그는 "자꾸만 가르치려고 하는 시/어제 밟고 간 긴 문장을 다시 또/밟아야 하는 일"(「所用」) 또한 경계한다. '어제'를 상기하는 것은 이 시집에서는 지루하고 권태로운 일이다. "어제와 같은 너랑"으로부터 시작해서 "어제와 같은 나랑"으로 끝나는 사건(「일기」)을 지루하게 반복하는 이유도 그것이다. 차라리 시인은 "그것은 그러니까 어제의 일/시를 써 놓은 쪽지를 잃어버렸네"(「쓰다 버린」)라는 사건을 예비한다.

구름은 여태 제 모습을 보여 준 적이 없어
형상은 당신 머릿속에나 있지
내가 만들 수 있는 건 물방울이 아니야, 보다 가볍지
당신의 어깨를 적실 수도
당신의 입가를 핥을 수도 있지

그러니 나를 구름이라 이름 짓는 건 아주 치명적이지
네가 구름이라고 부르는 것들, 네가
토끼, 라고 부르면 난 하마처럼 하품을 해 네가
고양이, 라고 부르면 난 호랑이처럼 포효하지 네가
의자, 라고 부른다면 금세 침대를 만들어 줄 수도 있어
만지면 폭삭 꺼지는 먼지버섯, 그러니 나를
버섯이라 불러도 좋아
형상은 당신 눈 속에나 있지
그러니 S라인 B라인은 네 이름

— 「구름의 화법」 부분

시 쓰기란 무엇인가. 아니, 하기성 시인의 시 쓰기란 무엇인가. 그것은 형상을 감추는 일, 어떤 형상을 요구하면 그 요구로부터 물러나는 일, 그저 당신이 호명하는 것은 당신이 바라는 것에 그치고 마는 일이라고 시인은 말하고 있다. 그의 시 쓰기는 구름의 화법이다. 그것은 아무것도

뚜렷하게 말하지 않는 방식이고, 어쩌면 가끔은 뚜렷하게 말함으로써 일관된 법칙조차 지키지 않는 방식일 수 있겠다. 그러나 이것은 새로운 시적 형상화를 말하는 것이 아니다. 바슐라르가 강조했듯 시인의 의식은 언제나 끊임없이 새로운 몽상을 찾아 헤매고 있기 때문에, 그의 시 쓰기는 하나의 형상에 안주하지 않는 것이다.

무엇보다 일관된 지향은 있다. "당신의 어깨를 적실 수도/당신의 입가를 핥을 수도 있지"라는 두 문장처럼 접촉의 열망은 이 작품에서 간직된다. 이 시집의 모든 언어는 당신에게 스밀 것이고 당신의 입술에 닿을 것이다. 이러한 관능적인 접촉의 이미지는 다만 당신과 함께 나누려는 마음과 다르지 않다. 그리하여 그의 시는 다음과 같이 우리에게 명백한 온도로 다가오는 시적인 불꽃을 몽상하게 한다.

> 시는 날아와서
> 불의 씨처럼
> 연필 잡는 손가락을 태우고 심장을 태우네
> 첫 문장은 씨앗으로 남겨놓네
> 하나의 씨는 자루에 담긴 미래
> 당신의 심장으로 들어가 싹 트기를
> ─「새벽에 우리가 하는 것」부분

상상인 기획시선 **3**

나의 아름다운 캐릭터

초판 1쇄 발행 | 2023년 11월 25일

지 은 이 하기정

펴 낸 곳 도서출판 상상인
펴 낸 이 진혜진
편   집 세종PNP
책임교정 종이시계
표지디자인 김민정

등록번호 제572-96-00959호
등록일자 2019년 6월 25일
주   소 06621 서울시 서초구 서초대로74길 29, 904호
전화번호 02-747-1367, 010-7371-1871
팩   스 02-747-1877
전자우편 ssaangin@hanmail.net

ISBN 979-11-93093-28-3 (03810)

값 10,000원

* 이 책은 전부 또는 일부 내용을 재사용하려면 반드시 저작권자와 도서출판 상상인의 동의를 받아야 합니다

* 이 도서의 국립중앙도서관 출판시도서목록(CIP)은 서지정보유통지원시스템 홈페이지(http://seoji.nl.go.kr)와 국가자료공동목록시스템(http://www.nl.go.kr/kolisnet)에서 이용하실 수 있습니다.